孟子題辭

題辭者即序也乃後漢趙岐字邠卿所撰岐每尚異故曰題辭

孟子題辭者所以題號孟子之書本末指義文辭之表也孟姓也子者男子之通稱也此書孟子之所作也故總謂之孟子其篇目則各自有名孟子鄒人也名軻字則未聞也鄒本春秋邾(音朱)子之國至孟子時改曰鄒矣國近魯後爲魯所并又言邾爲楚所并非魯也今鄒縣是也或曰孟子魯公族孟孫之後故孟子仕於齊喪母而歸葬於魯也三桓子孫既以衰微分適他國孟子生有淑質夙喪其父幼被慈母三遷之教長(上聲)師孔子之孫子思治儒術之道通五經尤長於詩書周衰之末戰國縱(平聲)横用兵爭

彊以相侵奪當世取士務先權謀以爲上賢先王大道陵遲隳(音希)廢異端並起若楊朱墨翟放蕩之言以干時惑衆者非一孟子閔悼堯舜湯文周孔之業將遂湮(音因)微正塗壅底仁義荒怠佞僞馳騁紅紫亂朱於是則慕仲尼周流憂世遂以儒道遊於諸侯思濟斯民然由不肯枉尺直尋時君

咸謂之迂闊於事終莫能聽納其說孟子亦自知遭蒼姬之訖錄值炎劉之未奮進不得佐興唐虞雍熙之和退不能信(音伸)三代之餘風恥沒世而無聞焉是故垂憲言以詒後人仲尼有云我欲託之空言不如載之行事之深切著明也於是退而論集所與高第弟子公孫丑萬章之徒難(去聲)疑

答問又自撰其法度之言著書七篇
二百六十一章三萬四千六百八十
五字包羅天地揆叙萬類仁義道德
性命禍福粲然靡所不載帝王公侯
遵之則可以致隆平頌清廟卿大夫
士蹈之則可以尊君父立忠信守志
厲操者儀之則可以崇高節抗浮雲
有風人之託物二雅之正言可謂直
而不倨曲而不屈命世亞聖之大才
者也孔子自衛反魯然後樂正雅頌
各得其所乃刪詩定書繫周易作春秋
孟子退自齊梁述堯舜之道而著作
焉此大賢擬聖而作者也七十子之
疇會集夫子所言以爲論語論語者
五經之錧鎋（上管下轄）六藝之喉衿也孟子
之書則而象之衛靈公問陳（陣同）於孔

子孔子答以俎豆梁惠王問利國孟子對以仁義宋桓魋（頹）欲害孔子孔子稱天生德於予魯臧倉毀鬲孟子孟子曰臧氏之子焉（音煙）能使予不遇哉旨意合同若此者衆又有外書四篇性善辯文說孝經爲正其文不能弘深不與内篇相似似非孟子本真後世依放（音倣）而託之者也孟子既没

之後大道遂絀（音黜）逮至亡秦焚滅經術坑戮儒生孟子徒黨盡矣其書號爲諸子故篇集得不泯絶漢興除秦虐禁開延道德孝文皇帝欲廣遊學之路論語孝經孟子爾雅皆置博士後罷傳記博士獨立五經而已訖今諸經通義得引孟子以明事謂之博文孟子長於譬喻辭不迫切而意已

獨至其言曰說詩者不以文害辭不以辭害志以意逆志爲得之矣斯言殆欲使後人深求其意以解其文不但施於說詩也今諸解者往往摭（音隻）取而說之其說又多乖異不同孟子以来五百餘載（音宰）傳之者亦已衆多余生西京世尋丕祚有自来矣少蒙義方訓涉典文知命之際嬰戚于天

遘迍離蹇詭姓遁身經營八紘之内十有餘年心勦（焦上聲）形瘵（債）何勤如焉嘗息肩弛擔於濟岱之間或有温故知新雅德君子矜我劬瘁睠我皓首訪論稽古慰以大道余用吝之中精神遐漂靡所濟集聊欲繫志於翰墨得以亂思（去聲）遺老也惟六籍之學先覺之士釋而辯之者既已詳矣儒家

惟有孟子。閎遠微妙。緼奥難見。宜在條理之科。於是乃述已所聞。證以經傳。(去聲)爲之章句。具載本文。章别其指。分爲上下。凡十四卷。究而言之。不敢以當達者。施於新學。可以寤疑辯惑。愚亦未能審於是非。後之明者。見其違闕。儻改而正諸。不亦宜乎。

孟子題辭

孟子卷之上

梁惠王章句上 凡七章

孟子見梁惠王王曰叟不遠千里而來亦將有以利吾國乎孟子對曰王何必曰利亦有仁義而已矣王曰何以利吾國大夫曰何以利吾家士庶人曰何以利吾身上下交征利而國危矣萬乘之國弒其君者必千乘之

家千乘之國弒其君者必百乘之家萬取千焉千取百焉苟爲後義而先利不奪不饜 饜於豔反 未有仁而遺其親者也未有義而後其君者也王亦曰仁義而已矣何必曰利 ○ 孟子見梁惠王王立於沼上顧鴻鴈麋鹿曰賢者亦樂此乎 樂音洛篇內同 孟子對曰賢者而後樂此不賢者雖有此不樂也詩

云經始靈臺經之營之庶民攻之不日成之經始勿亟（亟音棘）庶民子來王在靈囿麀鹿攸伏（麀音憂）麀鹿濯濯白鳥鶴鶴（詩作翯戶角反）王在靈沼於牣魚躍（於音烏）文王以民力爲臺爲沼而民歡樂之謂其臺曰靈臺謂其沼曰靈沼樂其有麋鹿魚鼈古之人與民偕樂故能樂也湯誓曰時日害喪（害音曷喪去聲）予及女偕亡（女音汝）民欲與之偕亡雖有臺池鳥獸豈能獨樂哉

○梁惠王曰寡人之於國也盡心焉耳矣河內凶則移其民於河東移其粟於河內河東凶亦然察鄰國之政無如寡人之用心者鄰國之民不加少寡人之民不加多何也孟子對曰王好戰請以戰喻塡然鼓之（好去聲塡音田）兵刃既接棄

甲曳兵而走或百步而後止或五十步而後止以五十步笑百步則何如曰不可直不百步耳是亦走也曰王如知此則無望民之多於鄰國也不違農時穀不可勝食也數罟不入洿池魚鼈不可勝食也（勝升 罟古 數促 洿烏）斧斤以時入山林材木不可勝用也穀與魚鼈不可勝食材木不可勝用是使民養生喪死無憾也養生喪死無憾王道之始也五畝之宅樹之以桑五十者可以衣帛矣（衣去聲）雞豚狗彘之畜無失其時七十者可以食肉矣（畜許六反）百畝之田勿奪其時數口之家可以無飢矣（數去聲）謹庠序之教申之以孝悌之義頒白者不負戴於道路矣七十者衣帛食肉黎民不飢不寒然

而不王者未之有也〔王去聲〕狗彘食人食而不知檢塗有餓莩〔平小反〕而不知發人死則曰非我也歲也是何異於刺人而殺之〔刺七亦反〕曰非我也兵也王無罪歲斯天下之民至焉○梁惠王曰寡人願安承教孟子對曰殺人以梃與刃有〔梃徒頂反〕以異乎曰無以異也以刃與政有以異乎曰無以異也曰

庖有肥肉廐有肥馬民有飢色野有餓莩此率獸而食人也獸相食且人惡之〔惡去聲〕爲民父母行政不免於率獸而食人惡在其爲民父母也〔惡平聲〕仲尼曰始作俑者〔俑音勇〕其無後乎爲其象人而用之也〔爲去聲〕如之何其使斯民飢而死也○梁惠王曰晉國天下莫強焉叟之所知也及寡人之身

東敗於齊長子死焉西喪地於秦七百里(長上聲喪去聲)南辱於楚寡人恥之願比死者一洒之(比必二反洒與洗同)如之何則可孟子對曰地方百里而可以王(去聲)王如施仁政於民省刑罰薄稅斂(省所梗反斂去聲)深耕易耨(易以豉反耨奴豆反)壯者以暇日修其孝悌忠信入以事其父兄出以事其長上可使制梃以撻秦楚之堅甲利兵矣彼奪其民時使不得耕耨以養其父母父母凍餓兄弟妻子離散(養去聲)彼陷溺其民王往而征之夫誰與王敵(夫音扶)故曰仁者無敵王請勿疑○孟子見梁襄王出語人曰(語去聲)望之不似人君就之而不見所畏焉卒然問曰(卒七沒反)天下惡乎定(惡平聲)吾對曰定于一孰能一之對曰

不嗜殺人者能一之孰能與之對曰天下莫不與也王知夫苗乎（夫音扶）七八月之間旱則苗槁矣天油然作雲沛然下雨則苗浡然興之矣（浡音勃）其如是孰能禦之今夫天下之人牧未有不嗜殺人者也如有不嗜殺人者則天下之民皆引領而望之矣誠如是也民歸之由水之就下沛然誰能

禦之○齊宣王問曰齊桓晉文之事可得聞乎孟子對曰仲尼之徒無道桓文之事者是以後世無傳焉臣未之聞也無以則王乎曰德何如則可以王矣曰保民而王莫之能禦也曰若寡人者可以保民乎哉曰可曰何由知吾可也曰臣聞之胡齕曰（齕音核）王坐於堂上有牽牛而過堂下者王

見之曰牛何之對曰將以釁鍾王曰
舍之吾不忍其觳觫[上音斛 下音速]若無罪
而就死地對曰然則廢釁鍾與曰何
可廢也以羊易之不識有諸曰有之
曰是心足以王矣百姓皆以王爲愛
也臣固知王之不忍也王曰然誠有
百姓者齊國雖褊小吾何愛一牛即
不忍其觳觫若無罪而就死地故以
羊易之也曰王無異於百姓之以王
爲愛也以小易大彼惡知之王若隱
其無罪而就死地則牛羊何擇焉王
笑曰是誠何心哉我非愛其財而易
之以羊也宜乎百姓之謂我愛也曰
無傷也是乃仁術也見牛未見羊也
君子之於禽獸也見其生不忍見其
死聞其聲不忍食其肉是以君子遠

庖廚也遠去聲 王說曰說音悅 詩云他人有心予忖度之忖七本反度特洛反 夫子之謂也夫我乃行之反而求之不得吾心夫子言之於我心有戚戚焉此心之所以合於王者何也曰有復於王者曰吾力足以舉百鈞而不足以舉一羽明足以察秋毫之末而不見輿薪則王許之乎曰否今恩足以及禽獸而功不至於百姓者獨何與平聲 然則一羽之不舉爲不用力焉爲去聲 輿薪之不見爲不用明焉百姓之不見保爲不用恩焉故王之不王去聲 不爲也非不能也曰不爲者與不能者之形何以異曰挾太山以超北海語人曰語去聲 我不能是誠不能也爲長者折枝爲去聲長上聲 語人曰我不能是不爲也

非不能也故王之不王非挾太山以超北海之類也王之不王是折枝之類也老吾老以及人之老幼吾幼以及人之幼天下可運於掌詩云刑于寡妻至于兄弟以御于家邦言舉斯心加諸彼而已故推恩足以保四海不推恩無以保妻子古之人所以大過人者無他焉善推其所爲而已矣

今恩足以及禽獸而功不至於百姓者獨何與(平聲)權然後知輕重度然後知長短物皆然心爲甚王請度之(度之)

音釋

抑王興甲兵危士臣構怨於諸侯然後快於心與(平聲)王曰否吾何快於是將以求吾所大欲也曰王之所大欲可得聞與王笑而不言曰爲肥甘不足於口與輕煖不足於體與抑爲

采色不足視於目與聲音不足聽於耳與便嬖不足使令於前與王之諸臣皆足以供之而王豈爲是哉曰否吾不爲是也（爲並去聲 便令平聲）曰然則王之所大欲可知已欲辟土地朝秦楚莅中國（辟闢同 朝音潮）而撫四夷也以若所爲求若所欲猶緣木而求魚也王曰若是其甚與曰殆有甚焉緣木求魚雖不得魚無後災以若所爲求若所欲盡心力而爲之後必有災曰可得聞與（平聲）曰鄒人與楚人戰則王以爲孰勝曰楚人勝曰然則小固不可以敵大寡固不可以敵衆弱固不可以敵彊海内之地方千里者九齊集有其一以一服八何以異於鄒敵楚哉蓋亦反其本矣今王發政施仁使天下

仕者皆欲立於王之朝耕者皆欲耕於王之野商賈皆欲藏於王之市（朝潮）（賈古）行旅皆欲出於王之塗天下之欲疾其君者皆欲赴愬於王（愬與訴同）其若是孰能禦之王曰吾惛不能進於是矣（惛與昏同）願夫子輔吾志明以敎我我雖不敏請嘗試之曰無恒産而有恒心者惟士爲能若民則無恒産因無

恒心苟無恒心放辟邪侈無不爲已及陷於罪然後從而刑之是罔民也焉有仁人在位罔民而可爲也是故明君制民之産必使仰足以事父母俯足以畜妻子（畜許六反）樂歲終身飽凶年免於死亡然後驅（區）而之善故民之從之也輕今也制民之産仰不足以事父母俯不足以畜妻子樂歲終身

苦凶年不免於死亡此惟救死而恐不贍奚暇治禮義哉（治平聲）王欲行之則盍反其本矣五畝之宅樹之以桑五十者可以衣帛矣雞豚狗彘之畜無失其時七十者可以食肉矣百畝之田勿奪其時八口之家可以無飢矣謹庠序之教申之以孝悌之義頒白者不負戴於道路矣老者衣帛食肉黎民不飢不寒然而不王者未之有也

梁惠王章句下（凡十六章）

莊暴見孟子曰暴見（音現）於王王語（去聲）暴以好樂暴未有以對也曰好樂何如孟子曰王之好樂甚則齊國其庶幾乎他日見於王曰王嘗語莊子以好樂有諸王變乎色曰寡人非能好

先王之樂也直好世俗之樂耳(好去聲)曰王之好樂甚則齊其庶幾乎今之樂猶古之樂也曰可得聞與(平聲)曰獨樂樂(下字音洛)與人樂樂孰樂(音洛)曰不若與人曰與少樂樂與衆樂樂孰樂曰不若與衆臣請爲王言樂(爲去聲)今王鼓樂於此百姓聞王鍾鼓之聲管籥之音舉疾首蹙頞而相告曰(蹙七六反頞音遏)吾王之好鼓樂夫何使我至於此極也父子不相見兄弟妻子離散今王田獵於此百姓聞王車馬之音見羽旄之美舉疾首蹙頞而相告曰吾王之好田獵夫何使我至於此極也父子不相見兄弟妻子離散此無他不與民同樂(音洛)也今王鼓樂於此百姓聞王鍾鼓之聲管籥之音舉欣欣然

有喜色而相告曰吾王庶幾無疾病與平聲何以能鼓樂也今王田獵於此百姓聞王車馬之音見羽旄之美舉欣欣然有喜色而相告曰吾王庶幾無疾病與何以能田獵也此無他與民同樂也今王與百姓同樂音洛則王矣

○齊宣王問曰文王之囿方七十里有諸孟子對曰於傳有之傳直戀反曰若是其大乎曰民猶以爲小也曰寡人之囿方四十里民猶以爲大何也曰文王之囿方七十里芻蕘者往焉雉兔者往焉芻音初蕘音堯與民同之民以爲小不亦宜乎臣始至於境問國之大禁然後敢入臣聞郊關之内有囿方四十里殺其麋鹿者如殺人之罪則是方四十里爲阱於國中民以爲

大不亦宜乎（阱才性反）○齊宣王問曰交鄰國有道乎孟子對曰有惟仁者爲能以大事小是故湯事葛文王事昆夷惟智者爲能以小事大故大王事獯鬻句踐事吳（獯熏鬻育句勾）以小事大者樂天者也以小事大者畏天者也樂天者保天下畏天者保其國詩云畏天之威于時保之王曰大哉言矣寡

人有疾寡人好勇對曰王請無好小勇夫撫劍疾視曰彼惡敢當我哉（夫扶）（惡烏）此匹夫之勇敵一人者也王請大之詩云王赫斯怒爰整其旅以遏徂莒以篤周祜以對于天下此文王之勇也文王一怒而安天下之民書曰天降下民作之君作之師惟曰其助上帝寵之四方有罪無罪惟我在天

下曷敢有越厥志一人衡行於天下武王恥之衡横同此武王之勇也而武王亦一怒而安天下之民今王亦一怒而安天下之民民惟恐王之不好勇也○齊宣王見孟子於雪宮王曰賢者亦有此樂乎孟子對曰有人不得則非其上矣不得而非其上者非也爲民上而不與民同樂者亦非也

樂民之樂者民亦樂其樂憂民之憂者民亦憂其憂樂以天下樂音洛憂以天下然而不王者未之有也昔者齊景公問於晏子曰吾欲觀於轉附朝儛遵海而南放于琅邪朝音潮放上聲吾何脩而可以比於先王觀也晏子對曰善哉問也天子適諸侯曰巡狩舒救反巡狩者巡所守也諸侯朝於天子曰

述職述職者述所職也無非事者春省耕而補不足秋省斂而助不給夏諺曰吾王不遊吾何以休吾王不豫吾何以助一遊一豫爲諸侯度(省悉井反)今也不然師行而糧食飢者弗食勞者弗息睊睊胥讒(睊古縣反)民乃作慝方命虐民飲食若流流連荒亡爲諸侯憂從流下而忘反謂之流從流上而忘反謂之連從獸無厭謂之荒樂酒無厭謂之亡(厭平聲)先王無流連之樂荒亡之行(去聲)惟君所行也景公說(音悅)大戒於國出舍於郊於是始興發補不足召太師曰爲我作君臣相說之樂蓋徵招角招是也(徵陟里反招與韶同)其詩曰畜君何尤畜君者好君也(畜敕六反)○

齊宣王問曰人皆謂我毀明堂毀諸

已乎孟子對曰夫明堂者王者之堂也王欲行王政則勿毁之矣王曰王政可得聞與對曰昔者文王之治岐也耕者九一仕者世禄關市譏而不征澤梁無禁罪人不孥（音奴）老而無妻曰鰥（姑頑反）老而無夫曰寡老而無子曰獨幼而無父曰孤此四者天下之窮民而無告者文王發政施仁必先

斯四者詩云哿矣富人哀此煢獨（哿工可反煢音瓊）王曰善哉言乎曰王如善之則何爲不行王曰寡人有疾寡人好貨對曰昔者公劉好貨詩云乃積乃倉乃裹餱糧（餱音侯）于橐于囊（橐音託）思戢用光（戢詩作輯音集）弓矢斯張干戈戚揚爰方啓行故居者有積倉行者有裹糧也然後可以爰方啓行王如好貨

與百姓同之於王何有王曰寡人有疾寡人好色對曰昔者大王好色愛厥妃詩云古公亶甫来朝走馬率西水滸至于岐下爰及姜女聿来胥宇當是時也內無怨女外無曠夫王如好色與百姓同之於王何有○孟子謂齊宣王曰王之臣有託其妻子於其友而之楚遊者比其反也則凍餒其妻子則如之何王曰棄之曰士師不能治士則如之何王曰已之曰四境之內不治則如之何王顧左右而言他○孟子見齊宣王曰所謂故國者非謂有喬木之謂也有世臣之謂也王無親臣矣昔者所進今日不知其亡也王曰吾何以識其不才而舍之（舍上聲）曰國君進賢如不得已将使

卑踰尊疏踰戚可不慎與平聲左右皆
曰賢未可也諸大夫皆曰賢未可也
國人皆曰賢然後察之見賢焉然後
用之左右皆曰不可勿聽諸大夫皆
曰不可勿聽國人皆曰不可然後察
之見不可焉然後去之去上聲左右皆
曰可殺勿聽諸大夫皆曰可殺勿聽
國人皆曰可殺然後察之見可殺焉

然後殺之故曰國人殺之也如此然
後可以爲民父母○齊宣王問曰湯
放桀武王伐紂有諸孟子對曰於傳
有之傳直戀反曰臣弑其君可乎曰賊仁
者謂之賊賊義者謂之殘殘賊之人
謂之一夫聞誅一夫紂矣未聞弑君
也○孟子見齊宣王曰爲巨室則必
使工師求大木工師得大木則王喜

以爲能勝其任矣匠人斲而小之則王怒以爲不勝其任矣夫人幼而學之壯而欲行之王曰姑舍女所學而從我則何如勝升夫扶今有璞玉於此雖萬鎰音益必使玉人彫琢之至於治國家則曰姑舍女所學而從我則何以異於教玉人彫琢玉哉○齊人伐燕勝之宣王問曰或謂寡人勿取或謂

寡人取之以萬乘之國伐萬乘之國五旬而舉之人力不至於此不取必有天殃取之何如孟子對曰取之而燕民悅則取之古之人有行之者武王是也取之而燕民不悅則勿取古之人有行之者文王是也以萬乘之國伐萬乘之國簞食壺漿以迎王師食嗣下同豈有他哉避水火也如水益深

如火益熱亦運而已矣○齊人伐燕
取之諸侯將謀救燕宣王曰諸侯多
謀伐寡人者何以待之孟子對曰臣
聞七十里爲政於天下者湯是也未
聞以千里畏人者也書曰湯一征自
葛始天下信之東面而征西夷怨南
面而征北狄怨曰奚爲後我民望之
若大旱之望雲霓也歸市者不止耕

者不變誅其君而弔其民若時雨降
民大悅書曰徯我后后來其蘇徯胡禮反
今燕虐其民王往而征之民以爲將
拯己於水火之中也簞食壺漿以迎
王師若殺其父兄係累其子弟累力追反
毀其宗廟遷其重器如之何其可也
天下固畏齊之彊也今又倍地而不
行仁政是動天下之兵也王速出令

反其旄倪（旄與耄同倪五稽反）止其重器謀於燕衆置君而後去之則猶可及止也

○鄒與魯鬨（鬨胡弄反）穆公問曰吾有司死者三十三人而民莫之死也誅之則不可勝誅（勝平聲）不誅則疾視其長上之死而不救如之何則可也孟子對曰凶年饑歲君之民老弱轉乎溝壑壯者散而之四方者幾千人矣而君之倉廩實府庫充有司莫以告是上慢而殘下也曾子曰戒之戒之出乎爾者反乎爾者也夫民今而後得反之也君無尤焉君行仁政斯民親其上死其長矣

○滕文公問曰滕小國也間於齊楚事齊乎事楚乎（間去聲）孟子對曰是謀非吾所能及也無已則有一焉鑿斯池也築斯城也與民

守之效死而民弗去則是可爲也○
滕文公問曰齊人將築薛吾甚恐如
之何則可孟子對曰昔者大王居邠
（豳同）狄人侵之去之岐山之下居焉非
擇而取之不得已也苟爲善後世子
孫必有王者矣君子創業垂統爲可
繼也若夫成功則天也君如彼何哉
彊爲善而已矣（彊上聲）○滕文公問曰

滕小國也竭力以事大國則不得免
焉如之何則可孟子對曰昔者大王
居邠狄人侵之事之以皮幣不得免
焉事之以犬馬不得免焉事之以珠
玉不得免焉乃屬其耆老而告之曰
（屬音燭）狄人之所欲者吾土地也吾聞
之也君子不以其所養人者害人
二三子何患乎無君我將去之去邠

踰梁山邑于岐山之下居焉邠人曰
仁人也不可失也從之者如歸市或
曰世守也非身之所能爲也效死勿
去君請擇於斯二者○魯平公將出
嬖人臧倉者請曰他日君出則必命
有司所之今乘輿已駕矣乘去聲有司
未知所之敢請公曰將見孟子曰何
哉君所爲輕身以先於匹夫者以爲

賢乎禮義由賢者出而孟子之後喪
踰前喪君無見焉公曰諾樂正子入
見曰君奚爲不見孟軻也曰或告寡
人曰孟子之後喪踰前喪是以不往
見也曰何哉君所謂踰者前以士後
以大夫前以三鼎而後以五鼎與曰
否謂棺槨衣衾之美也曰非所謂踰
也貧富不同也樂正子見孟子曰克

告於君君爲來見也嬖人有臧倉者沮君君是以不果來也曰行或使之止或尼之行止非人所能也吾之不遇魯侯天也臧氏之子焉能使予不遇哉爲去聲沮慈呂反尼女乙反焉音煙

公孫丑章句上凡九章

公孫丑問曰夫子當路於齊管仲晏子之功可復許乎復扶又反孟子曰子誠

齊人也知管仲晏子而已矣或問乎曾西曰吾子與子路孰賢曾西蹵然曰蹵子六反吾先子之所畏也曰然則吾子與管仲孰賢曾西艴然不悅曰艴佛勃二音爾何曾比予於管仲管仲得君如彼其專也行乎國政如彼其久也功烈如彼其卑也爾何曾比予於是曰管仲曾西之所不爲也而子爲我

願之乎曰管仲以其君霸晏子以其君顯管仲晏子猶不足爲與平聲曰以齊王由反手也王去聲曰若是則弟子之惑滋甚且以文王之德百年而後崩猶未洽於天下武王周公繼之然後大行今言王若易然則文王不足法與易去聲與平聲曰文王何可當也由湯至於武丁賢聖之君六七作天下歸殷久矣久則難變也武丁朝諸侯有天下猶運之掌也紂之去武丁未久也其故家遺俗流風善政猶有存者又有微子微仲王子比干箕子膠鬲皆賢人也相與輔相之故久而後失之也尺地莫非其有也一民莫非其臣也然而文王猶方百里起是以難也齊人有言曰雖有智慧不如乘勢

雖有鎡基不如待時鎡音兹今時則易
然也夏后殷周之盛地未有過千里
者也而齊有其地矣雞鳴狗吠相聞
而達乎四境而齊有其民矣地不改
辟矣民不改聚矣辟同闢行仁政而王
莫之能禦也且王者之不作未有疏
於此時者也民之憔悴於虐政未有
甚於此時者也飢者易爲食渴者易

爲飲孔子曰德之流行速於置郵而
傳命郵音尤當今之時萬乘之國行仁
政民之悅之猶解倒懸也故事半古
之人功必倍之惟此時爲然○公孫
丑問曰夫子加齊之卿相得行道焉
雖由此霸王不異矣如此則動心否
乎孟子曰否我四十不動心曰若是
則夫子過孟賁遠矣賁音奔曰是不難

告子先我不動心曰不動心有道乎
曰有北宮黝之養勇也不膚撓不目
逃（黝伊糾反 撓奴效反）思以一豪挫於人若撻
之於市朝不受於褐寬博亦不受於
萬乘之君視刺萬乘之君若刺褐夫
無嚴諸侯惡聲至必反之孟施舍之
所養勇也曰視不勝猶勝也量敵而
後進慮勝而後會是畏三軍者也舍

豈能爲必勝哉（舍去聲）能無懼而已矣
孟施舍似曾子北宮黝似子夏夫二
子之勇未知其孰賢然而孟施舍守
約也昔者曾子謂子襄曰子好勇乎
吾嘗聞大勇於夫子矣自反而不縮
雖褐寬博吾不惴焉（惴之瑞反）自反而縮
雖千萬人吾往矣孟施舍之守氣又
不如曾子之守約也曰敢問夫子之

不動心與告子之不動心可得聞與(平聲)告子曰不得於言勿求於心不得於心勿求於氣不得於心勿求於氣可不得於言勿求於心不可夫志氣之帥也氣體之充也夫志至焉氣次焉故曰持其志無暴其氣既曰志至焉氣次焉又曰持其志無暴其氣者何也曰志壹則動氣氣壹則動志也

今夫蹶者趨者是氣也而反動其心敢問夫子惡乎長(惡平聲)曰我知言我善養吾浩然之氣敢問何謂浩然之氣曰難言也其爲氣也至大至剛以直養而無害則塞于天地之間其爲氣也配義與道無是餒也(餒奴罪反)是集義所生者非義襲而取之也行有不慊於心則餒矣(慊口簟反又苦劫反)我故曰告

子未嘗知義以其外之也必有事焉
而勿正心勿忘勿助長也無若宋人
然宋人有閔其苗之不長而揠之者
（揠烏八反）芒芒然歸謂其人曰今日病矣
予助苗長矣其子趨而往視之苗則
槁矣天下之不助苗長者寡矣以為
無益而舍之者不耘苗者也助之長
者揠苗者也非徒無益而又害之何

謂知言曰詖辭知其所蔽（詖彼寄反）淫辭
知其所陷邪辭知其所離遁辭知其
所窮生於其心害於其政發於其政
害於其事聖人復起必從吾言矣（復扶
又反）宰我子貢善為說辭冉牛閔子顏
淵善言德行孔子兼之曰我於辭命
則不能也然則夫子既聖矣乎曰惡
（音烏）是何言也昔者子貢問於孔子曰

夫子聖矣乎孔子曰聖則吾不能我學不厭而教不倦也子貢曰學不厭智也教不倦仁也仁且智夫子既聖矣夫聖孔子不居是何言也昔者竊聞之子夏子游子張皆有聖人之一體冉牛閔子顏淵則具體而微敢問所安曰姑舍是曰伯夷伊尹何如曰不同道非其君不事非其民不使治

則進亂則退伯夷也何事非君何使非民治亦進亂亦進伊尹也可以仕則仕可以止則止可以久則久可以速則速孔子也皆古聖人也吾未能有行焉乃所願則學孔子也伯夷伊尹於孔子若是班乎曰否自有生民以來未有孔子也曰然則有同與曰有得百里之地而君之皆能以朝諸

侯有天下行一不義殺一不辜而得天下皆不爲也是則同朝音潮曰敢問其所以異曰宰我子貢有若智足以知聖人汙不至阿其所好汙音蛙好去聲宰我曰以予觀於夫子賢於堯舜遠矣子貢曰見其禮而知其政聞其樂而知其德由百世之後等百世之王莫之能違也自生民以来未有夫子也

有若曰豈惟民哉麒麟之於走獸鳳凰之於飛鳥太山之於丘垤大結反河海之於行潦音老類也聖人之於民亦類也出於其類拔乎其萃自生民以来未有盛於孔子也○孟子曰以力假仁者霸霸必有大國以德行仁者王王不待大湯以七十里文王以百里以力服人者非心服也力不贍也

以德服人者中心悅而誠服也如七十子之服孔子也詩云自西自東自南自北無思不服此之謂也○孟子曰仁則榮不仁則辱今惡辱而居不仁是猶惡濕而居下也如惡之莫如貴德而尊士賢者在位能者在職國家閒暇及是時明其政刑（閒音閑）雖大國必畏之矣詩云迨天之未陰雨徹

彼桑土（徹直列反 土音杜）綢繆牖戶（綢稠 繆武彪反）今此下民或敢侮予孔子曰爲此詩者其知道乎能治其國家誰敢侮之今國家閒暇及是時般樂怠敖（般盤 樂洛 敖傲）是自求禍也禍福無不自己求之者詩云永言配命自求多福太甲曰天作孽（魚列反）猶可違自作孽不可活此之謂也○孟子曰尊賢使能俊傑

在位則天下之士皆悅而願立於其朝矣。朝音潮

市廛而不征法而不廛則天下之商皆悅而願藏於其市矣。關譏而不征則天下之旅皆悅而願出於其路矣。耕者助而不稅則天下之農皆悅而願耕於其野矣。廛無夫里之布則天下之民皆悅而願爲之氓矣。氓音盲

信能行此五者則鄰國之民仰之若父母矣。率其子弟攻其父母自生民以來未有能濟者也。如此則無敵於天下。無敵於天下者天吏也。然而不王者未之有也。

○孟子曰人皆有不忍人之心。先王有不忍人之心斯有不忍人之政矣。以不忍人之心行不忍人之政治天下可運之掌上。所以謂人皆有不忍人之心者今

人乍見孺子將入於井皆有怵惕惻隱之心（怵音黜）非所以內交於孺子之父母也（內同納）非所以要譽於鄉黨朋友也（要平聲）非惡其聲而然也（惡去聲）由是觀之無惻隱之心非人也無羞惡之心非人也（惡去聲）無辭讓之心非人也無是非之心非人也惻隱之心仁之端也羞惡之心義之端也辭讓之心禮之端也是非之心智之端也人之有是四端也猶其有四體也有是四端而自謂不能者自賊者也謂其君不能者賊其君者也凡有四端於我者知皆擴而充之矣（擴音廓）若火之始然泉之始達苟能充之足以保四海苟不充之不足以事父母○孟子曰矢人豈不仁於函人哉（函音含）矢人

惟恐不傷人函人惟恐傷人巫匠亦然故術不可不慎也孔子曰里仁爲美擇不處仁焉得智夫仁天之尊爵也人之安宅也莫之禦而不仁是不智也不仁不智無禮無義人役也人役而恥爲役由弓人而恥爲弓矢人而恥爲矢也如恥之莫如爲仁仁者如射射者正已而後發發而不中不怨勝已者反求諸已而已矣（中去聲）

○孟子曰子路人告之以有過則喜禹聞善言則拜大舜有大焉善與人同舍已從人樂取於人以爲善（舍捨 樂洛）自耕稼陶漁以至爲帝無非取於人者取諸人以爲善是與人爲善者也故君子莫大乎與人爲善○孟子曰伯夷非其君不事非其友不友不立於

惡人之朝不與惡人言立於惡人之朝與惡人言如以朝衣朝冠坐於塗炭推惡去聲惡之心思與鄉人立其冠不正望望然去之若將浼焉浼莫罪反是故諸侯雖有善其辭命而至者不受也不受也者是亦不屑就已柳下惠不羞汙君不卑小官進不隱賢必以其道遺佚而不怨阨窮而不憫故曰爾爲爾我爲我雖袒裼裸裎於我側爾焉能浼我哉故由由然與之偕而不自失焉援而止之而止援而止之而止者是亦不屑去已佚逸袒但裼錫裸魯果反裎呈

孟子曰伯夷隘柳下惠不恭隘與不恭君子不由也

公孫丑章句下　凡十四章

孟子曰天時不如地利地利不如人

和三里之城七里之郭環而攻之而
不勝夫環而攻之必有得天時者矣
然而不勝者是天時不如地利也夫音扶
城非不高也池非不深也兵革非
不堅利也米粟非不多也委而去之
是地利不如人和也故曰域民不以
封疆之界固國不以山谿之險威天
下不以兵革之利得道者多助失道

者寡助寡助之至親戚畔之多助之
至天下順之以天下之所順攻親戚
之所畔故君子有不戰戰必勝矣○
孟子将朝王王使人来曰寡人如就
見者也有寒疾不可以風朝将視朝
音潮下同不識可使寡人得見乎對曰不
幸而有疾不能造朝造七到反明日出弔
於東郭氏公孫丑曰昔者辭以病今

日弔或者不可乎曰昔者疾今日愈
如之何不弔王使人問疾醫来孟仲
子對曰昔者有王命有采薪之憂不
能造朝今病小愈趨造於朝我不識
能至否乎使數人要於路曰請要平聲
必無歸而造於朝不得已而之景丑
氏宿焉景子曰內則父子外則君臣
人之大倫也父子主恩君臣主敬丑

見王之敬子也未見所以敬王也曰
惡平聲下同是何言也齊人無以仁義與
王言者豈以仁義爲不美也其心曰
是何足與言仁義也云爾則不敬莫
大乎是我非堯舜之道不敢以陳於
王前故齊人莫如我敬王也景子曰
否非此之謂也禮曰父召無諾君命
召不俟駕固將朝也聞王命而遂不

果宜與夫禮若不相似然曰豈謂是與(平聲)曾子曰晉楚之富不可及也彼以其富我以吾仁彼以其爵我以吾義吾何慊乎哉(慊口簟反)夫豈不義而曾子言之是或一道也天下有達尊三爵一齒一德一朝廷莫如爵鄉黨莫如齒輔世長民莫如德惡得有其一以慢其二哉(惡平聲)故將大有爲之君

必有所不召之臣欲有謀焉則就之其尊德樂道不如是不足與有爲也故湯之於伊尹學焉而後臣之故不勞而王桓公之於管仲學焉而後臣之故不勞而霸今天下地醜德齊莫能相尚無他好臣其所教而不好臣其所受教(好去聲)湯之於伊尹桓公之於管仲則不敢召管仲且猶不可召

而況不爲管仲者乎○陳臻問曰前日於齊王餽兼金一百而不受於宋餽七十鎰而受於薛餽五十鎰而受前日之不受是則今日之受非也今日之受是則前日之不受非也夫子必居一於此矣孟子曰皆是也當在宋也予将有遠行行者必以贐徐刃反辭曰餽贐予何爲不受當在薛也予有戒心辭曰聞戒故爲兵餽之爲去聲予何爲不受若於齊則未有處也無處而餽之是貨之也焉有君子而可以貨取乎○孟子之平陸謂其大夫曰子之持戟之士一日而三失伍則去之否乎去上聲曰不待三然則子之失伍也亦多矣凶年饑歲子之民老羸轉於溝壑壯者散而之四方者幾

千人矣幾上聲曰此非距心之所得爲也曰今有受人之牛羊而爲之牧之者則必爲之求牧與芻矣求牧與芻而不得則反諸其人乎抑亦立而視其死與平聲曰此則距心之罪也他日見於王曰王之爲都者臣知五人焉知其罪者惟孔距心爲王誦之爲去聲王曰此則寡人之罪也○孟子謂蚳鼃曰蚳音遲鼃音蛙子之辭靈丘而請士師似也爲其可以言也爲去聲今既數月矣未可以言與平聲蚳鼃諫於王而不用致爲臣而去齊人曰所以爲蚳鼃則善矣所以自爲則吾不知也爲去聲公都子以告曰吾聞之也有官守者不得其職則去有言責者不得其言則去我無官守我無言責也則吾進

退豈不綽綽然有餘裕哉○孟子爲卿於齊出弔於滕王使蓋大夫王驩爲輔行蓋古盍反王驩朝暮見音現反齊滕之路未嘗與之言行事也公孫丑曰齊卿之位不爲小矣齊滕之路不爲近矣反之而未嘗與言行事何也曰夫既或治之予何言哉○孟子自齊葬於魯反於齊止於嬴充虞請曰前

日不知虞之不肖使虞敦匠事嚴虞不敢請今願竊有請也木若以美然曰古者棺椁無度中古棺七寸椁稱之稱去聲自天子達於庶人非直爲觀美也然後盡於人心不得不可以爲悅無財不可以爲悅得之爲有財古之人皆用之吾何爲獨不然且比化者無使土親膚於人心獨無恔乎比去

聲恔音效吾聞之也君子不以天下儉其親○沈同以其私問曰燕可伐與孟子曰可子噲不得與人燕子之不得受燕於子噲有仕於此而子悅之不告於王而私與之吾子之祿爵夫士也亦無王命而私受之於子則可乎何以異於是齊人伐燕或問曰勸齊伐燕有諸曰未也沈同問燕可伐與

吾應之曰可彼然而伐之也彼如曰孰可以伐之則將應之曰爲天吏則可以伐之今有殺人者或問之曰人可殺與則將應之曰可彼如曰孰可以殺之則將應之曰爲士師則可以殺之今以燕伐燕何爲勸之哉○燕人畔王曰吾甚慙於孟子陳賈曰王無患焉王自以爲與周公孰仁且智

王曰惡是何言也曰周公使管叔監殷[惡監並平聲]管叔以殷畔知而使之是不仁也不知而使之是不智也仁智周公未之盡也而况於王乎賈請見而解之見孟子問曰周公何人也曰古聖人也曰使管叔監殷管叔以殷畔也有諸曰然曰周公知其將畔而使之與曰不知也然則聖人且有過

與曰周公弟也管叔兄也周公之過不亦宜乎且古之君子過則改之今之君子過則順之古之君子其過也如日月之食民皆見之及其更也民皆仰之[更平聲]今之君子豈徒順之又從爲之辭○孟子致爲臣而歸王就見孟子曰前日願見而不可得得侍同朝甚喜今又棄寡人而歸不識可

以繼此而得見乎對曰不敢請耳固
所願也他日王謂時子曰我欲中國
而授孟子室養弟子以萬鍾使諸大
夫國人皆有所矜式子盍爲我言之
爲去聲 時子因陳子而以告孟子陳子
以時子之言告孟子孟子曰然夫時
子惡知其不可也如使予欲富辭十
萬而受萬是爲欲富乎季孫曰異哉

子叔疑使己爲政不用則亦已矣又
使其子弟爲卿人亦孰不欲富貴而
獨於富貴之中有私龍斷焉 龍壟 古之
爲市者以其所有易其所無者有司
者治之耳有賤丈夫焉必求龍斷而
登之以左右望而罔市利人皆以爲
賤故從而征之征商自此賤丈夫始
矣○孟子去齊宿於晝有欲爲王留

行者坐而言不應隱几而卧隱於靳反客不悅曰弟子齊宿而後敢言齊側皆反夫子卧而不聽請勿復敢見矣復扶又反曰坐我明語子語去聲昔者魯繆公無人乎子思之側則不能安子思泄柳申詳無人乎繆公之側則不能安其身子爲長者慮而不及子思子絕長者乎長者絕子乎長上聲○孟子去齊尹

士語人曰不識王之不可以爲湯武則是不明也識其不可然且至則是干澤也千里而見王不遇故去三宿而後出晝是何濡滯也士則茲不悅高子以告曰夫尹士惡知予哉惡平聲千里而見王是予所欲也不遇故去豈予所欲哉予不得已也予三宿而出晝於予心猶以爲速王庶幾改之

王如改諸則必反予夫出晝而王不
予追也予然後浩然有歸志予雖然
豈舍王哉王由足用爲善王如用予
則豈徒齊民安天下之民舉安王庶
幾改之予日望之予豈若是小丈夫
然哉諫於其君而不受則怒悻悻然
見於其面去則窮日之力而後宿哉
悻形頂反 尹士聞之曰士誠小人也○孟

子去齊充虞路問曰夫子若有不豫
色然前日虞聞諸夫子曰君子不怨
天不尤人曰彼一時此一時也五百
年必有王者興其間必有名世者由
周而來七百有餘歲矣以其數則過
矣以其時考之則可矣夫天未欲平
治天下也如欲平治天下當今之世
舍我其誰也吾何爲不豫哉 夫音扶 舍上聲

○孟子去齊居休公孫丑問曰仕而不受祿古之道乎曰非也於崇吾得見王退而有去志不欲變故不受也繼而有師命不可以請久於齊非我志也

滕文公章句上 凡五章

滕文公爲世子將之楚過宋而見孟子孟子道性善言必稱堯舜世子自

楚反復見孟子復扶又反孟子曰世子疑吾言乎夫道一而已矣夫音扶成覸謂齊景公曰覸古莧反彼丈夫也我丈夫也吾何畏彼哉顏淵曰舜何人也予何人也有爲者亦若是公明儀曰文王我師也周公豈欺我哉今滕絕長補短將五十里也猶可以爲善國書曰若藥不瞑眩瞑莫甸反眩音縣厥疾不瘳側周

反
○滕定公薨世子謂然友曰昔者
孟子嘗與我言於宋於心終不忘今
也不幸至於大故吾欲使子問於孟
子然後行事然友之鄒問於孟子孟
子曰不亦善乎親喪固所自盡也曾
子曰生事之以禮死葬之以禮祭之
以禮可謂孝矣諸侯之禮吾未之學
也雖然吾嘗聞之矣三年之喪齊疏
之服（齊音咨 疏音踈）飦粥之食（飦諸延反）自天子
達於庶人三代共之然友反命定爲
三年之喪父兄百官皆不欲曰吾宗
國魯先君莫之行吾先君亦莫之行
也至於子之身而反之不可且志曰
喪祭從先祖曰吾有所受之也謂然
友曰吾他日未嘗學問好馳馬試劒
今也父兄百官不我足也恐其不能

盡於大事子為我問孟子然友復之
鄒(復扶又反)問孟子孟子曰然不可以他
求者也孔子曰君薨聽於冢宰歠粥
面深墨(歠川悅反)即位而哭百官有司莫
敢不哀先之也上有好者下必有甚
焉者矣君子之德風也小人之德草
也草尚之風必偃是在世子然友反
命世子曰然是誠在我五月居廬未

有命戒百官族人可謂曰知及至葬
四方来觀之顏色之戚哭泣之哀弔
者大悅○滕文公問為國孟子曰民
事不可緩也詩云晝爾于茅宵爾索
綯(音陶)亟其乘屋(亟紀力反)其始播百穀民
之為道也有恒產者有恒心無恒產
者無恒心苟無恒心放辟邪侈無不
為已及陷乎罪然後從而刑之是罔

民也焉有仁人在位罔民而可爲也
是故賢君必恭儉禮下取於民有制
陽虎曰爲富不仁矣爲仁不富矣夏
后氏五十而貢殷人七十而助周人
百畝而徹其實皆什一也徹者徹也
助者籍也徹敕列反籍子夜反龍子曰治地莫
善於助莫不善於貢貢者校數歲之
中以爲常樂歲粒米狼戾樂音洛多取

之而不爲虐則寡取之凶年糞其田
而不足則必取盈焉爲民父母使民
盻盻然盻五禮反將終歲勤動不得以養
其父母養去聲又稱貸而益之使老稚
轉乎溝壑惡在其爲民父母也惡平聲
夫世祿滕固行之矣詩云雨我公田
雨去聲遂及我私惟助爲有公田由此
觀之雖周亦助也設爲庠序學校以

敎之庠者養也校者敎也序者射也
夏曰校殷曰序周曰庠學則三代共
之皆所以明人倫也人倫明於上小
民親於下有王者起必來取法是爲
王者師也詩云周雖舊邦其命維新
文王之謂也子力行之亦以新子之
國使畢戰問井地孟子曰子之君將
行仁政選擇而使子子必勉之夫仁

政必自經界始經界不正井地不均
穀祿不平是故暴君汙吏必慢其經
界經界旣正分田制祿可坐而定也
夫滕壤地褊小將爲君子焉將爲小
人焉無君子莫治野人無野人莫養
君子養去聲請野九一而助國中什一
使自賦卿以下必有圭田圭田五十
畝餘夫二十五畝死徙無出鄕鄕田

同井出入相友守望相助疾病相扶持則百姓親睦方里而井井九百畝其中為公田八家皆私百畝同養公田公事畢然後敢治私事所以別（被列反）野人也此其大畧也若夫潤澤之則在君與子矣

○有為神農之言者許行自楚之滕踵門而告文公曰遠方之人聞君行仁政願受一廛而為氓文公與之處其徒數十人皆衣褐捆屨織席以為食（衣去聲　捆音閫）陳相與其弟辛負耒耜而自宋之滕曰聞君行聖人之政是亦聖人也願為聖人氓陳相見許行而大悅盡棄其學而學焉陳相見孟子道許行之言曰滕君則誠賢君也雖然未聞道也賢者與民並耕而食饔飧而治（饔音

雍飧音孫今也滕有倉廩府庫則是厲民而以自養也惡得賢惡平聲孟子曰許子必種粟而後食乎曰然許子必織布而後衣乎曰否許子衣褐衣去聲許子冠乎曰冠曰奚冠曰冠素曰自織之與曰否以粟易之曰許子奚為不自織曰害於耕曰許子以釜甑爨以鐵耕乎曰然自為之與曰否以粟易之以粟易械器者不為厲陶冶陶冶亦以其械器易粟者豈為厲農夫哉且許子何不為陶冶舍舍去聲皆取諸其宮中而用之何為紛紛然與百工交易何許子之不憚煩曰百工之事固不可耕且為也然則治天下獨可耕且為與與平聲有大人之事有小人之事且一人之身而百工之所為備如必

自爲而後用之是率天下而路也故曰或勞心或勞力勞心者治人勞力者治於人治於人者食人治人者食於人天下之通義也(食音嗣)

天下猶未平洪水橫流氾濫於天下草木暢茂禽獸繁殖五穀不登禽獸偪人獸蹄鳥迹之道交於中國堯獨憂之舉舜而敷治焉舜使益掌火益

烈山澤而焚之禽獸逃匿禹疏九河瀹濟漯而注諸海(瀹藥濟子禮反漯佗合反)決汝漢排淮泗而注之江然後中國可得而食也當是時也禹八年於外三過其門而不入雖欲耕得乎后稷教民稼穡樹藝五穀五穀熟而民人育人之有道也飽食煖衣逸居而無教則近於禽獸聖人有憂之使契爲司徒

教以人倫（契音薛）父子有親君臣有義夫婦有別長幼有序朋友有信放勳曰勞之來之（放上聲勞來並去聲）匡之直之輔之翼之使自得之又從而振德之聖人之憂民如此而暇耕乎堯以不得舜爲己憂舜以不得禹皐陶爲己憂夫以百畝之不易爲己憂者農夫也分人以財謂之惠教人以善謂之忠爲天下得人者謂之仁是故以天下與人易爲天下得人難（爲易並去聲）孔子曰大哉堯之爲君惟天爲大惟堯則之蕩蕩乎民無能名焉君哉舜也巍巍乎有天下而不與焉（與去聲）堯舜之治天下豈無所用其心哉亦不用於耕耳吾聞用夏變夷者未聞變於夷者也陳良楚產也悅周公仲尼之道

北學於中國北方之學者未能或之先也彼所謂豪傑之士也子之兄弟事之數十年師死而遂倍之昔者孔子沒三年之外門人治任將歸入揖於子貢相嚮而哭皆失聲然後歸子貢反築室於場獨居三年然後歸他日子夏子張子游以有若似聖人欲以所事孔子事之〔任平聲〕彊曾子曾子

曰不可江漢以濯之秋陽以暴之皜皜乎不可尚已〔彊上聲暴蒲木反皜音杲〕今也南蠻鴃舌之人非先王之道〔鴃古役反〕子倍子之師而學之亦異於曾子矣吾聞出於幽谷遷于喬木者未聞下喬木而入於幽谷者魯頌曰戎狄是膺荆舒是懲周公方且膺之子是之學亦爲不善變矣從許子之道則市賈不

貳國中無僞雖使五尺之童適市莫之或欺布帛長短同則賈相若麻縷絲絮輕重同則賈相若五穀多寡同則賈相若屨大小同則賈相若賈音價曰夫物之不齊物之情也或相倍蓰音師又山綺反或相什伯或相千萬子比而同之是亂天下也比必二反巨屨小屨同賈人豈爲之哉從許子之道相率而

爲僞者也惡能治國家惡平聲○墨者夷之因徐辟而求見孟子辟音壁又音闢孟子曰吾固願見今吾尚病病愈我且往見夷子不來他日又求見孟子孟子曰吾今則可以見矣不直則道不見音現我且直之吾聞夷子墨者墨之治喪也以薄爲其道也夷子思以易天下豈以爲非是而不貴也然而夷

子葬其親厚則是以所賤事親也徐
子以告夷子夷子曰儒者之道古之
人若保赤子此言何謂也之則以爲
愛無差等施由親始徐子以告孟子
孟子曰夫夷子信以爲人之親其兄
之子爲若親其鄰之赤子乎彼有取
爾也赤子匍匐將入井匍蒲匐蒲北反非赤
子之罪也且天之生物也使之一本

而夷子二本故也蓋上世嘗有不葬
其親者其親死則舉而委之於壑他
日過之狐狸食之蠅蚋姑嘬之蚋汭嘬楚
怪反其顙有泚七礼反睨而不視睨詣夫泚
也非爲人泚中心達於面目蓋歸反
虆梩而掩之掩之誠是也虆力追反梩力知反
則孝子仁人之掩其親亦必有道矣
徐子以告夷子夷子憮然爲間曰憮音

武間如字命之矣

滕文公章句下凡十章

陳代曰不見諸侯宜若小然今一見之大則以王去聲小則以霸且志曰枉尺而直尋宜若可爲也孟子曰昔齊景公田招虞人以旌不至將殺之志士不忘在溝壑勇士不忘喪其元喪去聲孔子奚取焉取非其招不往也如

不待其招而往何哉且夫枉尺而直尋者以利言也如以利則枉尋直尺而利亦可爲與平聲昔者趙簡子使王良與嬖奚乘終日而不獲一禽嬖奚反命曰天下之賤工也或以告王良良曰請復之彊而後可彊上聲一朝而獲十禽嬖奚反命曰天下之良工也簡子曰我使掌與女乘謂王良良不

可曰吾爲之範我馳驅終日不獲一爲之詭遇爲去聲一朝而獲十詩云不失其馳舍矢如破舍上聲我不貫與小人乘請辭御者且羞與射者比比而得禽獸雖若丘陵弗爲也比必二反如枉道而從彼何也且子過矣枉己者未有能直人者也○景春曰公孫衍張儀豈不誠大丈夫哉一怒而諸侯懼

安居而天下熄孟子曰是焉得爲大丈夫乎子未學禮乎丈夫之冠也焉音煙冠去聲父命之女子之嫁也母命之往送之門戒之曰往之女家女家之女音汝必敬必戒無違夫子以順爲正者妾婦之道也居天下之廣居立天下之正位行天下之大道得志與民由之不得志獨行其道富貴不能淫貧賤不

能移威武不能屈此之謂大丈夫○周霄問曰古之君子仕乎孟子曰仕傳曰孔子三月無君則皇皇如也出疆必載質贄同公明儀曰古之人三月無君則弔三月無君則弔不以急乎曰士之失位也猶諸侯之失國家也禮曰諸侯耕助以供粢盛音成夫人蠶繅素刀反以爲衣服犧牲不成粢盛不潔衣服不備不敢以祭惟士無田則亦不祭牲殺器皿衣服不備皿眉永反不敢以祭則不敢以宴亦不足弔乎出疆必載質何也曰士之仕也猶農夫之耕也農夫豈爲出疆舍其耒耜哉曰晉國亦仕國也未嘗聞仕如此其急仕如此其急也君子之難仕何也曰丈夫生而願爲之有室女子生而

願爲之有家父母之心人皆有之不待父母之命媒妁之言（妁音酌）鑽穴隙相窺（隙去逆反）踰墻相從則父母國人皆賤之古之人未嘗不欲仕也又惡不由其道（惡去聲）不由其道而往者與鑽穴隙之類也○彭更問曰後車數十乘從者數百人（更平聲乘從並去聲）以傳食於諸侯不以泰乎（傳直戀反）孟子曰非其道則一簞食不可受於人如其道則舜受堯之天下不以爲泰子以爲泰乎曰否士無事而食不可也曰子不通功易事以羨補不足則農有餘粟女有餘布子如通之則梓匠輪輿皆得食於子於此有人焉入則孝出則悌守先王之道以待後之學者而不得食於子子何尊梓匠輪輿而輕爲仁

義者哉曰梓匠輪輿其志將以求食也君子之爲道也其志亦將以求食與曰子何以其志爲哉其有功於子可食而食之矣（食而音嗣下同）且子食志乎食功乎曰食志曰有人於此毀瓦畫墁（武安反）其志將以求食也則子食之乎曰否曰然則子非食志也食功也

○萬章問曰宋小國也今將行王政

齊楚惡而伐之則如之何孟子曰湯居亳與葛爲鄰葛伯放而不祀湯使人問之曰何爲不祀曰無以供犧牲也湯使遺之牛羊葛伯食之（遺去聲）又不以祀湯又使人問之曰何爲不祀曰無以供粢盛也湯使亳衆往爲之耕（爲去聲）老弱饋食（音嗣下同）葛伯率其民要其有酒食黍稻者奪之不授者殺

之要平聲有童子以黍肉餉殺而奪之

餉式亮反書曰葛伯仇餉此之謂也爲其

殺是童子而征之四海之内皆曰非

富天下也爲匹夫匹婦復讎也爲去聲

湯始征自葛載十一征而無敵於天

下東面而征西夷怨南面而征北狄

怨曰奚爲後我民之望之若大旱之

望雨也歸市者弗止芸者不變誅其

君弔其民如時雨降民大悅書曰徯

我后后來其無罰有攸不惟臣東征

綏厥士女匪厥玄黃紹我周王見休

惟臣附于大邑周其君子實玄黃于

匪以迎其君子其小人簞食壺漿以

迎其小人救民於水火之中取其殘

而已矣太誓曰我武惟揚侵于之疆

則取于殘殺伐用張于湯有光不行

王政云爾苟行王政四海之內皆舉首而望之欲以爲君齊楚雖大何畏焉○孟子謂戴不勝曰子欲子之王之善與(平聲)我明告子有楚大夫於此欲其子之齊語也則使齊人傅諸使楚人傅諸曰使齊人傅之曰一齊人傅之衆楚人咻之(咻休音)雖日撻而求其齊也不可得矣引而置之莊嶽之間數年雖日撻而求其楚亦不可得矣子謂薛居州善士也使之居於王所在於王所者長幼卑尊皆薛居州也王誰與爲不善在王所者長幼卑尊皆非薛居州也王誰與爲善一薛居州獨如宋王何○公孫丑問曰不見諸侯何義孟子曰古者不爲臣不見段干木踰垣而辟之泄柳閉門而

不內（辟去聲　內音納）是皆已甚迫斯可以見矣陽貨欲見孔子而惡無禮（見音現　惡去聲）大夫有賜於士不得受於其家則往拜其門陽貨矙孔子之亡也（矙音勘）而饋孔子蒸豚孔子亦矙其亡也而往拜之當是時陽貨先豈得不見曾子曰脅肩諂笑（脅虛業反）病于夏畦子路曰未同而言觀其色赧赧然非由之所知也（赧奴簡反）由是觀之則君子之所養可知已矣

○戴盈之曰什一去關市之征（去上聲）今玆未能請輕之以待來年然後已何如孟子曰今有人日攘其鄰之雞者（攘如羊反）或告之曰是非君子之道曰請損之月攘一雞以待來年然後已如知其非義斯速已矣何待來年

○公都子曰外人皆稱夫子

好辯敢問何也孟子曰予豈好辯哉予不得已也〔好去聲〕天下之生久矣一治一亂當堯之時水逆行氾濫於中國蛇龍居之民無所定下者為巢上者為營窟書曰洚水警余〔洚音降〕洚水者洪水也使禹治之禹掘地而注之海驅蛇龍而放之菹〔側魚反〕水由地中行江淮河漢是也險阻既遠鳥獸之害人者消然後人得平土而居之堯舜既沒聖人之道衰暴君代作壞宮室以為汙池民無所安息棄田以為園囿使民不得衣食邪說暴行又作園囿汙池沛澤多而禽獸至及紂之身天下又大亂〔壞音怪　行去聲〕周公相武王誅紂伐奄〔平聲〕三年討其君驅飛廉於海隅而戮之滅國者五十驅虎豹犀

象而遠之天下大悅書曰丕顯哉文王謨丕承哉武王烈佑啓我後人咸以正無缺世衰道微邪説暴行有作有讀作又臣弑其君者有之子弑其父者有之孔子懼作春秋春秋天子之事也是故孔子曰知我者其惟春秋乎罪我者其惟春秋乎聖王不作諸侯放恣處士横議横去聲楊朱墨翟之言

盈天下天下之言不歸楊則歸墨楊氏為我是無君也為去聲墨氏兼愛是無父也無父無君是禽獸也公明儀曰庖有肥肉廄有肥馬民有飢色野有餓莩平表反此率獸而食人也楊墨之道不息孔子之道不著是邪説誣民充塞仁義也仁義充塞則率獸食人人將相食吾為此懼為去聲閑先聖

之道距楊墨放淫辭邪說者不得作作於其心害於其事作於其事害於其政聖人復起不易吾言矣（復扶又反）昔者禹抑洪水而天下平周公兼夷狄驅猛獸而百姓寧孔子成春秋而亂臣賊子懼詩云戎狄是膺荆舒是懲則莫我敢承無父無君是周公所膺也我亦欲正人心息邪說距詖行放

淫辭以承三聖者豈好辯哉予不得已也（行好去聲）能言距楊墨者聖人之徒也○匡章曰陳仲子豈不誠廉士哉居於陵三日不食（於音烏）耳無聞目無見也井上有李螬食實者過半矣（螬音曹）匍匐往將食之三咽然後耳有聞目有見（咽音宴）孟子曰於齊國之士吾必以仲子為巨擘焉（擘溥厄反）雖然仲子

惡能廉（惡平聲）充仲子之操則蚓而後可者也（蚓音引）夫蚓上食槁壤下飲黃泉仲子所居之室伯夷之所築與抑亦盜跖之所築與所食之粟伯夷之所樹與抑亦盜跖之所樹與是未可知也曰是何傷哉彼身織屨妻辟纑以易之也（辟音壁 纑音盧）曰仲子齊之世家也兄戴蓋祿萬鍾（蓋音閤）以兄之祿為不義之祿而不食也以兄之室為不義之室而不居也辟兄離母（辟音避）處於於陵他日歸則有饋其兄生鵝者已頻顣曰（顣同蹙）惡用是鶂鶂者為哉（惡烏 鶂魚乙反）他日其母殺是鵝也與之食之其兄自外至曰是鶂鶂之肉也出而哇之（哇音蛙）以母則不食以妻則食之以兄之室則弗居以於陵則居之

是尚爲能充其類也乎若仲子者蚓而後充其操者也操平聲

離婁章句上凡二十八章

孟子曰離婁之明公輸子之巧不以規矩不能成方圓師曠之聰不以六律不能正五音堯舜之道不以仁政不能平治天下今有仁心仁聞而民不被其澤不可法於後世者不行先王之道也聞去聲故曰徒善不足以爲政徒法不能以自行詩云不愆不忘率由舊章遵先王之法而過者未之有也聖人既竭目力焉繼之以規矩準繩以爲方圓平直不可勝用也既竭耳力焉繼之以六律正五音不可勝用也既竭心思焉繼之以不忍人之政而仁覆天下矣勝平聲故曰爲高

矣不以舜之所以事堯事君不敬其君者也不以堯之所以治民治民賊其民者也孔子曰道二仁與不仁而已矣暴其民甚則身弒國亡不甚則身危國削名之曰幽厲雖孝子慈孫百世不能改也詩云殷鑒不遠在夏后之世此之謂也◯孟子曰三代之得天下也以仁其失天下也以不仁

國之所以廢興存亡者亦然天子不仁不保四海諸侯不仁不保社稷卿大夫不仁不保宗廟士庶人不仁不保四體今惡死亡而樂不仁是猶惡醉而強酒惡去聲樂洛強上聲◯孟子曰愛人不親反其仁治人不治反其智治人平聲不治去聲禮人不答反其敬行有不得者皆反求諸己其身正而天下歸之詩

士膚敏裸將于京[裸音灌]孔子曰仁不
可爲衆也夫國君好仁天下無敵[夫音
扶][好去聲]今也欲無敵於天下而不以仁
是猶執熱而不以濯也詩云誰能執
熱逝不以濯○孟子曰不仁者可與
言哉安其危而利其菑[與災同]樂其所
以亡者[樂音洛]不仁而可與言則何亡
國敗家之有有孺子歌曰滄浪之水

清兮可以濯我纓滄浪之水濁兮可
以濯我足[浪音郎]孔子曰小子聽之清
斯濯纓濁斯濯足矣自取之也夫人
必自侮然後人侮之[夫音扶]家必自毀
而後人毀之國必自伐而後人伐之
太甲曰天作孽[五結反]猶可違自作孽
不可活此之謂也○孟子曰桀紂之
失天下也失其民也失其民者失其

心也得天下有道得其民斯得天下矣得其民有道得其心斯得民矣得其心有道所欲與之聚之所惡勿施爾也（惡去聲）民之歸仁也猶水之就下獸之走壙也（走音奏）故爲淵敺魚者獺也爲叢敺爵者鸇也爲湯武敺民者桀與紂也（爲去聲敺驅同獺音闥爵雀同鸇諸延反）今天下之君有好仁者則諸侯皆爲之敺

矣雖欲無王不可得已（好爲王並去聲）今之欲王者猶七年之病求三年之艾也苟爲不畜終身不得苟不志於仁終身憂辱以陷於死亡詩云其何能淑載胥及溺此之謂也○孟子曰自暴者不可與有言也自棄者不可與有爲也言非禮義謂之自暴也吾身不能居仁由義謂之自棄也仁人之安

宅也義人之正路也曠安宅而弗居舍正路而不由哀哉(舍上聲)○孟子曰道在爾而求諸遠事在易而求諸難人人親其親長其長而天下平○孟子曰居下位而不獲於上民不可得而治也獲於上有道不信於友弗獲於上矣信於友有道事親弗悅弗信於友矣悅親有道反身不誠不悅於親矣誠身有道不明乎善不誠乎身矣是故誠者天之道也思誠者人之道也至誠而不動者未之有也不誠未有能動者也○孟子曰伯夷辟紂居北海之濱聞文王作興曰盍歸乎來吾聞西伯善養老者太公辟紂居東海之濱聞文王作興曰盍歸乎來吾聞西伯善養老者(辟去聲)二老者天

下之大老也而歸之是天下之父歸之也天下之父歸之其子焉往焉於虔反諸侯有行文王之政者七年之內必爲政於天下矣○孟子曰求也爲季氏宰無能改於其德而賦粟倍他日孔子曰求非我徒也小子鳴鼓而攻之可也由此觀之君不行仁政而富之皆棄於孔子者也况於爲之強戰

爲去聲爭地以戰殺人盈野爭城以戰殺人盈城此所謂率土地而食人肉罪不容於死故善戰者服上刑連諸侯者次之辟草萊任土地者次之辟闢同○孟子曰存乎人者莫良於眸子眸子不能掩其惡胷中正則眸子瞭焉胷中不正則眸子眊焉眸年瞭了眊耄聽其言也觀其眸子人焉廋哉焉於虔反廋音

搜○孟子曰恭者不侮人儉者不奪
人侮奪人之君惟恐不順焉惡得爲
恭儉恭儉豈可以聲音笑貌爲哉惡平
聲○淳于髡曰男女授受不親禮與
孟子曰禮也曰嫂溺則援之以手乎
曰嫂溺不援是豺狼也男女授受不
親禮也嫂溺援之以手者權也與平聲援
音爰曰今天下溺矣夫子之不援何也

曰天下溺援之以道嫂溺援之以手
子欲手援天下乎○公孫丑曰君子
之不教子何也孟子曰勢不行也教
者必以正以正不行繼之以怒繼之
以怒則反夷矣夫子教我以正夫子
未出於正也則是父子相夷也父子
相夷則惡矣古者易子而教之父子
之間不責善責善則離離則不祥莫

大焉○孟子曰事孰爲大事親爲大
守孰爲大守身爲大不失其身而能
事其親者吾聞之矣失其身而能事
其親者吾未之聞也孰不爲事事親
事之本也孰不爲守守身守之本也
曾子養曾晳必有酒肉將徹必請所
與問有餘必曰有曾晳死曾元養曾
子必有酒肉將徹不請所與問有餘

曰亡矣將以復進也此所謂養口體
者也若曾子則可謂養志也養去聲亡與無
同復扶又反事親若曾子者可也○孟子
曰人不足與適也政不足閒也適音謫閒
去聲惟大人爲能格君心之非君仁莫
不仁君義莫不義君正莫不正一正
君而國定矣○孟子曰有不虞之譽
有求全之毀○孟子曰人之易其言

也無責耳矣易去聲○孟子曰人之患
在好爲人師好去聲○樂正子從於子
敖之齊樂正子見孟子孟子曰子亦
來見我乎曰先生何爲出此言也曰
子來幾日矣曰昔者曰昔者則我出
此言也不亦宜乎曰舍館未定曰子
聞之也舍館定然後求見長者乎長上
聲曰克有罪○孟子謂樂正子曰子

之從於子敖來徒餔啜也我不意子
學古之道而以餔啜也餔博孤反啜昌悅反○
孟子曰不孝有三無後爲大舜不告
而娶爲無後也爲去聲君子以爲猶告
也○孟子曰仁之實事親是也義之
實從兄是也智之實知斯二者弗去
是也禮之實節文斯二者是也樂之
實樂斯二者樂則生矣生則惡可已

也。惡可已。則不知足之蹈之。手之舞
之。樂斯樂則並音洛惡平聲○孟子曰。天下大悅
而將歸己。視天下悅而歸己。猶草芥
也。惟舜爲然。不得乎親。不可以爲人。
不順乎親。不可以爲子。舜盡事親之
道而瞽瞍厎豫。瞽瞍厎豫而天下化。
瞽瞍厎豫而天下之爲父子者定。此
之謂大孝。

孟子卷之上